Traduit de l'anglais par Pascale Jusforgues

Supplément réalisé avec la collaboration
de Dominique Boutel et Anne Panzani
Maquette de Françoise Pham

ISBN : 2-07-050470-0
Titre original : *Amber Brown is not a crayon*
Publié pour la première fois par The Putnam
& Grosset Group, Londres

Numéro d'édition : 78206 – N° d'impression : 79373
Loi n° 49-956 du 16 juillet 1949 sur les publications
destinées à la jeunesse
Dépôt légal : février 1998
Imprimé en France sur les presses de l'imprimerie Hérissey

Les aventures de Lili /1

PAULA DANZIGER

Lili Graffiti

ILLUSTRÉ PAR
TONY ROSS

GALLIMARD JEUNESSE

Pour Carrie Marie Danziger,
ma nièce,
ma conseillère et mon amie

1

Dans dix minutes pile, toute la classe va partir en avion pour la Chine.

Moi, je suis en CE2. Je m'appelle Lili Graffiti et je suis excitée comme une puce. Justin Morris, mon meilleur ami, voyagera à côté de moi. En ce moment, il est assis à la même table que moi et il se prend pour un réveille-matin.

Tic-tac, tic-tac, tic-tac... c'est tout ce que j'entends pour l'instant mais je suis sûre qu'il mijote autre chose. On se met toujours ensemble, Justin et moi, quand la classe s'envole pour un pays lointain.

En fait, on est assis l'un à côté de l'autre depuis qu'on s'est rencontrés en maternelle. Mais ça, c'est une autre histoire.

Je ne sais plus ce que j'ai fait de mon passeport et de mon billet d'avion. Je suis du genre brouillon. Je sors rapidement tout ce qu'il y a dans mon casier : le livre qui va me servir pour mon exposé, un bout de spaghetti à la fraise, mon carnet d'autocollants, deux bandeaux, sept élastiques, onze trombones, deux cahiers... et finalement mon passeport et mon billet, bien rangés dans une enveloppe que j'ai décorée spécialement (une bonne partie de mes autocollants y est passée).

Bzzzz ! Crooouic !

Justin se met à se balancer sur sa chaise.

Je lui donne un coup de passeport sur la tête.

– Arrête un peu ! Qu'est-ce que tu fabriques ?

– Je suis un coucou et les plumes de ma queue sont restées coincées.

Justin recommence à se balancer.

C'est chouette d'avoir un ami comme lui. Il a le chic pour rendre la vie plus

drôle. M. Cohen aussi, d'ailleurs. M. Cohen, c'est notre maître.

– Préparez-vous à embarquer ! dit-il en faisant clignoter la lumière – c'est sa façon de nous signaler qu'on passe d'une activité à une autre.

Dans la classe, on a aligné toutes les chaises pour faire comme dans un véritable avion, avec les allées pour pouvoir circuler et les places attitrées du pilote, du copilote, des hôtesses de l'air et des stewards.

Le pilote, c'est toujours M. Cohen. Il dit que c'est parce qu'il est le seul ici à avoir son permis de conduire, mais moi je connais la vraie raison. S'il veut rester aux commandes, c'est pour être sûr d'atterrir là où il faut. Un jour, il a laissé Roger Hart prendre la direction des opérations et Roger nous a fait débarquer à Disneyland au lieu du Zaïre.

Alors maintenant, c'est toujours M. Cohen qui s'assied au poste de pilotage et pour le copilote, les stewards et les hôtesses, il choisit quatre ou cinq élèves dans la classe. Moi, quand ce sera mon tour, je serai copilote. Je n'ai pas du tout envie de distribuer des petits sachets de cacahuètes, parce qu'il y a toujours des garçons débiles qui en profitent pour pousser des cris de singe et tout et tout.

Mais pas Justin. Lui et moi, pendant le voyage, on préfère lire le journal les CE2 *En plein vol*; tout le monde écrit des articles dedans. M. Cohen fait le reste.

A vrai dire, pour en revenir à Justin, il lui arrive aussi de faire le singe, parfois.

Nous faisons la queue pendant que M. Cohen contrôle les passeports. Hannah Burton regarde le sien d'un air mauvais.

– Je me déteste, sur cette photo! Je ne comprends pas pourquoi on n'a pas eu le droit de choisir celle qu'on voulait.

Chaque fois qu'on commence à étudier un nouveau pays, on y va « en avion », et avant chaque départ, Hannah se plaint de la photo qu'il y a sur son passeport.

– Tu es très bien, je lui dis en jetant un coup d'œil au fameux portrait.

Sur nos passeports, on a tous la photo prise à l'école, sauf Brandi Colwin qui est arrivée en cours d'année. Alors M. Cohen l'a photographiée avec son appareil instantané.

Hannah secoue la tête.

– Je sais que je suis très bien ! C'est cette photo qui est ignoble !

Je fais semblant de ne pas comprendre.

– C'est parce que M. Cohen veut que nos faux passeports ressemblent à des vrais. Tu te rappelles quand il nous a montré le sien ? Il avait une tête affreuse, dessus ! Dans la vie, il n'est quand même pas aussi moche.

Hannah fait la grimace et se met à ricaner :

– Tu dis ça parce que ça t'arrange ! Ce n'est pas parce qu'on jurerait que tu viens de tomber du lit et que tu t'es peignée avec un râteau, qu'il faut croire que tous les gens se moquent de la tête qu'ils ont.

Je regarde la photo d'Hannah. Impeccable ! Le teint clair, les yeux bleus, ses longs cheveux blonds bien lissés, retenus par un très joli serre-tête de toutes les couleurs.

Je regarde ma photo.

Yeux marron, taches de rousseur sur le nez, cheveux châtain un peu emmêlés, avec deux couettes serrées par des chouchous qui ressemblent à des beignets aux pommes.

Je suis habillée normalement, comme tous les jours, qu'il y ait photo ou pas. En fait, je porte ma tenue préférée : le T-shirt extra-large que ma tante Pam m'a rapporté de Londres et un caleçon noir (même si on ne le voit pas sur la photo, je me rappelle très bien que c'est ce que je portais ce jour-là. Moi, Lili Graffiti, j'ai une mémoire d'éléphant !).

Je ne me trouve pas si mal et, de toute façon, j'avais complètement oublié que c'était le jour de la photo. M. Cohen nous l'avait pourtant dit mille fois, il a eu beau coller des millions de pense-bêtes sur le tableau, rien à faire, je n'ai pas pu m'en souvenir.

Il faut le reconnaître : je suis du genre étourdie, parfois.

Il n'empêche qu'Hannah exagère. Je ne me coiffe pas avec un râteau. Avec mes doigts, d'accord, mais jamais avec un râteau.

– Je t'aime bien sur cette photo, me dit Justin en souriant. C'est tout à fait toi. Non seulement ta tête mais aussi ta façon d'être.

– Tu veux dire désordre, c’est ça ? lance Hannah en pouffant de rire.

J’ai envie de lui arracher le petit arc-en-ciel ridicule qu’elle a sur la tête.

– Laisse tomber, me dit Justin en retenant mon bras.

Justin a le chic pour deviner mes pensées, et moi j’ai le chic pour deviner les siennes. C’est chouette.

M. Cohen contrôle nos passeports et nos cartes d'embarquement, puis Joey Fortunato nous conduit à nos places.

Une fois que tout le monde est assis, Joey nous montre comment attacher nos ceintures et il nous explique ce qu'il faut faire en cas d'urgence. M. Cohen prend son faux micro et nous dit de nous préparer au voyage de notre vie.

Ça y est, on décolle. Les CE2B s'envolent dans l'immensité bleue du ciel.

En route pour la Chine !

2

La Chine.

Pas mal, comme destination.

Nous descendons tous de l'avion. M. Cohen nous montre un film, après quoi nous travaillons sur notre dossier « Reportage ».

Justin et moi, on découpe des images dans les dépliants que l'agence de voyage nous a envoyés. On les transforme en cartes postales pour faire comme si on était vraiment en Chine. Après, on décrit ce qui nous paraît important, les différents endroits qu'on a visités.

Justin choisit une photo de panda géant.

– Celle-là, on va l'envoyer à Danny-le-Moucheron.

– Tu veux dire ton frère, le nain de quatre ans qui envahit les trois-quarts de ta chambre ?

Je colle la photo du panda sur un carton blanc.

– Gagné ! Des comme lui, y'en a pas deux pareils.

Justin prend la carte et écrit :

Je m'amuse bien.
Heureusement que t'es pas là pour me jouer des tours pandables.

– Ça s'écrit « pendable », je lui signale.

Justin fait la grimace.

– Avec un panda, il vaut mieux mettre « pandable ». De toute façon, ce n'est pas grave, Danny ne sait pas lire.

– Avec ton écriture, il aurait du mal.

Je regarde ses gribouillis informes.

Justin regarde la carte à son tour.

– Bon, je m'occupe de coller et toi tu écris.

Justin est très doué pour coller proprement. Moi, j'ai mis trop de colle, ça bave. Une horreur ! Si M. Cohen note la propreté, je ne vais pas récolter beaucoup de points.

Par contre, j'écris beaucoup mieux que Justin.

Lui et moi, on fait équipe, on se donne des coups de mains. On apprend les choses ensemble, mais comme on ne les comprend pas toujours en même temps, celui qui a saisi le premier explique à l'autre. C'est ça, l'entraide !

Par exemple, quand j'ai réussi à écrire « e » dans le bon sens et pas « ə », j'ai expliqué comment faire à Justin. De son côté, il m'aide pour les fractions parce que je n'ai compris qu'à moitié. Et quand il faut lire à voix haute devant toute la classe et qu'on bute sur un mot difficile, on se souffle. Vraiment, on forme une fine équipe tous les deux !

Justin s'applique à coller les images, moi je m'applique à écrire.

Nous « envoyons » une carte postale au père de Justin, qui est parti travailler très loin, en Alabama, et qui vit tout seul là-bas pour le moment. Justin et Danny continuent d'habiter ici avec leur mère en attendant que la maison soit vendue.

Ça prendra sûrement un bon bout de temps et, au fond de moi, je suis bien contente.

Parfois, Justin est un peu triste et ça me rend triste aussi.

Je comprends que son père lui manque. Quand mes parents ont divorcé, papa est parti vivre encore plus loin. A l'étranger. Du coup je ne le vois plus jamais, et j'ai rarement l'occasion de lui parler au téléphone. Justin a plus de chance : son père revient parfois à la maison pendant le week-end et il lui téléphone très souvent.

Je sais que Justin s'ennuie de son père mais je croise les doigts en secret pour que personne n'achète leur maison et pour que M. Morris retrouve un travail dans le New Jersey, comme ça il pourra revenir.

Au bout de la rangée, Jimmy Russell et Bobby Clifford sont en train de se disputer.

– Dis donc, espèce de cornichon à la noix, pourquoi tu as écrit sur mon cahier !

Jimmy tire Bobby par la manche.

– Dis, pourquoi tu écris partout ?

– Ça fait quinze fois que je te répète que ce n'est pas moi, espèce de radis pourri ! T'as qu'à demander aus autres.

Et Bobby continue à colorier son dessin.

– Mais non ! Je sais que c'est toi, triple andouille !

Jimmy jette son crayon bleu par terre.

Jimmy et Bobby se chamaillent depuis la maternelle.

M. Cohen leur a dit cent fois d'arrêter mais c'est plus fort qu'eux, il faut qu'ils se disputent.

– Mais pourquoi tu as fait ça ? répète Jimmy.

Bobby lui tire la langue en louchant, le crayon bien serré contre lui.

– Pauvre idiot !

Jimmy lui fait les cornes.

– Je te dis que ce n'est pas moi !, reprend Bobby en me montrant du doigt. Ça ne peut être qu'elle, avec un nom pareil, hein Lili Gribouilli !

Je regarde Bobby droit dans les yeux.

– D'abord, ne m'appelle pas comme ça, tu sais très bien que je m'appelle Lili Graffiti et que ce n'est pas moi !

Les deux crétins pouffent de rire.

J'en ai vraiment assez qu'on se moque de mon nom. J'aurais préféré que mes parents aient un nom de famille normal comme Brown, Taylor ou Robinson.

Maintenant que je suis grande, j'aime bien mon nom.

Mais il faut quand même que je

subisse les plaisanteries stupides de certains débiles mentaux.

M. Cohen fait clignoter la lumière.

– Pause déjeuner pour les honorables touristes étrangers. Rangez vos tables !

Tout le monde ramasse ses affaires.

Mme Armitage, M. Burton et Mme Hopkins entrent dans la classe.

C'est le comité des parents d'élèves qui nous apporte des plats cuisinés chinois. On distribue les assiettes en carton mais on a beau être en Chine, on ne peut pas faire tchin'chin' avec nos verres parce qu'ils sont en plastique.

Je n'ai jamais été très douée avec des baguettes. Je me débrouille pour piquer les gros morceaux et, pour le riz, je prends ma fourchette. Après le déjeuner, Justin et moi on s'amuse à se battre en duel avec nos baguettes.

Ensuite M. Cohen nous distribue des petits gâteaux secs soufflés. A l'intérieur, il y a un message de bonne aventure.

J'ouvre le mien et je lis :

Expérience et Persévérance
sont les meilleurs des maîtres

Je vais montrer le papier à M. Cohen.

– Je croyais que c'était vous, le meilleur des maîtres ! C'est qui, ce M. Persévérance ?

M. Cohen me fait un grand sourire avant de se précipiter sur Jimmy et Bobby qui se battent encore.

Justin a posé son petit papier sur la table devant lui. Il regarde fixement le tableau noir.

Je prends le message et je lis :

Vous ferez bientôt un grand voyage
Pour vous, une nouvelle vie va commencer

Je ne me sens pas très bien, tout d'un coup ; j'ai l'impression d'avoir des miettes coincées en travers de la gorge.

J'espère que ces gâteaux chinois se trompent.

3

C'est l'heure du goûter. Justin pose un paquet de barquettes à la fraise sur la table de la cuisine.

– Miam !

J'ouvre le sachet, je prends une barquette, je grignote la confiture au milieu et je passe le reste à Justin.

– Mmm ! fait Justin en croquant le biscuit.

Je prends une deuxième barquette et je répète la même opération.

Justin et moi, on mange toujours nos gâteaux de cette façon-là depuis la maternelle.

Encore un exemple d'étroite collaboration. Hannah Burton trouve ça dégoûtant.

Mme Morris entre dans la cuisine, suivie de près par Danny.

– Vous venez jouez aux Légo avec moi ? nous demande-t-il.

– Aux Légo ! Non mais tu nous as regardés ? Est-ce qu'on a une tête à jouer aux Légo ? Légo... gorille... Tiens, ça me donne une idée.

Justin se jette sur son frère, en poussant des grognements.

J'aimerais bien avoir un petit frère ou une petite sœur à embêter. Étant donné que je suis fille unique, c'est raté. Mais ça ne fait rien, je peux quand même taquiner Danny à la place.

– Tu sortiras tes Légo plus tard, dit Mme Morris. Pour l'instant, pas de désordre, j'attends le monsieur de l'agence immobilière. Il va faire visiter notre maison à des clients.

Tout d'un coup, je n'ai plus envie de taquiner Danny. Il me paraît plus urgent de croiser les doigts et de prier de toutes mes forces pour que les gens trouvent la maison affreuse, trop petite ou trop grande ou beaucoup trop chère pour eux.

On sonne à la porte.

– Vous voulez bien vous occuper de Danny, tous les deux ? nous demande Mme Morris avant d'aller ouvrir.

– Ze veux une balquette, dit Danny en imitant Titi et Grosminet.

– D'ac, Walter.

Je lui tends un gâteau.

Walter, c'est le véritable prénom de Danny, mais comme il avait du mal à le prononcer quand il était petit, il répétait sans cesse « Danny-Danny ».

Du coup, ce nom lui est resté et tout le monde l'appelle Danny, sauf Justin et moi quand on a envie de l'énerver.

Danny se met à chantonner. « Lili Graffiti, c'est Lili Gribouillis, Lili Confetti, Lili Spaghetti ! »

Un jour, j'ai eu le malheur de dire à Danny que les autres se moquaient souvent de mon nom à l'école et que j'avais horreur de ça. J'aurais mieux fait de me taire. Ce n'est pas très malin de se moquer du nom de quelqu'un quand ce quelqu'un peut utiliser les mêmes armes.

Nous mangeons encore quelques barquettes tous les trois, après quoi on s'amuse à lancer les autres dans un saladier en plastique.

– Deux points. Ouais ! je crie en voyant ma barquette basculer au fond du saladier après avoir hésité un instant sur le rebord.

– Joli coup ! me dit une voix inconnue.

En levant les yeux, j'aperçois une dame enceinte qui applaudit ma prouesse sportive.

– Encore un peu d'entraînement et tu décroches la médaille d'or du lancer de gâteaux aux prochains jeux Olympiques, commente Justin en souriant.

– En attendant ce grand jour, allez plutôt vous entraîner ailleurs, dit Mme

Morris en nous montrant la porte. Madame Bradley voudrait visiter la cuisine.

– Oh, laissez-les, ils ne me dérangent pas du tout ! J'ai déjà un garçon de quatre ans et celui-ci, dit-elle en tapotant son ventre, sera là dans quelques mois. J'adore voir des enfants jouer dans la cuisine !

Mme Bradley regarde autour d'elle.

J'hésite. Est-ce que je lui dis qu'il y a des dragons dans la cave, des fantômes dans les placards et des gargouilles au grenier ?

– Vous l'avez vraiment bien décorée, poursuit Mme Bradley en ouvrant un placard avec des étagères qui tournent comme un petit manège.

– Merci, répond Mme Morris. Nous nous sommes beaucoup plu dans cette maison, et j'espère qu'il en sera de même pour la prochaine famille qui l'habitera.

Moi, je ne veux pas qu'il y ait une prochaine famille ici. Je me souviens quand nous avons refait la cuisine. Les rouleaux de papier peint, les seaux, les pinceaux, la colle et tout et tout.

– Puisque chacun de nous va passer un certain temps dans cette cuisine, avait dit Mme Morris, je pense que chacun de nous doit participer à sa décoration. Et comme je faisais pour ainsi dire partie de la famille, avait-elle ajouté, il était normal que je leur donne un coup de main.

Justin et moi, on avait choisi un très joli papier peint avec des joueurs de base-ball. Mais M. et Mme Morris n'étaient pas d'accord. A la place, ils ont mis un papier à fleurs.

– Si ça ne vous dérange pas, j'aimerais que mon mari puisse visiter la maison le plus tôt possible, dit Mme Bradley.

Le plus tôt possible ? Mauvais signe.

C’est plus fort que moi, j’interviens.

– Ça ne vous fait rien s’il y a des crocodiles dans les toilettes ?

Mme Bradley prend l’air étonné, puis se met à sourire.

– Des crocodiles dans les toilettes ? Pas du tout, au contraire !

Mme Morris et elle échangent un regard complice. Très, très mauvais signe. Elles sortent toutes les deux de la cuisine. Justin, Danny et moi, on reprend notre partie de basket-barquette. Comme si de rien n’était.

J’essaie de me rassurer. Après tout, il y a déjà des millions de gens qui sont venus visiter la maison sans l’acheter.

Peut-être qu’elle ne plaira pas du tout à M. Bradley. J’espère que je serai là quand il viendra. Je lui parlerai des termites géants.

Mme Morris revient nous voir.

– Lili, veux-tu rester dîner avec nous ce soir ? J’appellerai ta maman pour lui proposer de se joindre à nous. On commandera une pizza.

– D'accord, je lui réponds.

Je me sens un peu mieux.

On fait souvent ça, surtout depuis que mes parents ont divorcé. Je reste chez les Morris jusqu'à ce que ma mère rentre du travail et, de temps en temps, nous dînons tous ensemble. Justin et moi, on adore la pizza ! Mme Morris prend le téléphone pour prévenir ma mère, puis elle commande la pizza.

– Supplément fromage, champignons et saucisses, s'il vous plaît.

Alors Justin et moi, on crie en même temps :

– Et rejetez les anchois à la mer !

Nous éclatons de rire en pensant à la tête du type. J'en arrive même à oublier que la maison sera peut-être bientôt vendue.

4

Patchouk, patchouk, patchouk. Justin sort de l'école en avançant par bonds. Je suis de très bonne humeur. J'ai bien fait de croiser les doigts. Mme Bradley n'a pas donné de nouvelles depuis l'autre jour. Justin continue à faire l'andouille mais je fais celle qui n'a rien remarqué.

– Dis donc, tu as choisi un livre pour ton prochain exposé ?

Patchouk, patchouk, patchouk.

Il tourne autour de moi en sautillant de plus belle.

– Patchouk ? Je ne l'ai jamais lu, celui-là. C'est de qui ?

Je le taquine tout en essayant de capter son regard. Pas facile quand on a en face de soi quelqu'un qui monte et qui descend comme un yoyo. On marche jusqu'au coin de la rue. Pendant ce temps-là, je continue de parler. Justin, lui, continue de patchouquer.

Je me mets à sauter en rythme avec lui.

– Moi je vais lire les *Quatre filles du Dr. March* et ensuite je ferai un arbre généalogique.

– Un arbre génialogique ? Ça donne quel genre de fruits ? Des fruits qui rendent super intelligents ?

Patchouk, patchouk, patchouk.

Justin continue son manège. Il me donne le tournis.

– Ne fais pas l'imbécile, Justin Morris ! Tu sais très bien ce que c'est, un arbre généalogique. On en a fait un pour notre exposé sur les pharaons. Et puis arrête de sauter comme ça !

Patchouk, patchouk, patchouk.

J'ai du mal à le suivre.

– Ça suffit ! Tu me rends complètement folle. Pourquoi tu fais ça ?

Justin s'arrête.

– Je m'entraîne à faire le kangourou pour notre prochain voyage en Australie. On part dans trois semaines, tu te souviens de ce que M. Cohen nous a dit ?

– Tu n'as quand même pas l'intention de faire le kangourou pendant trois semaines, non ?

Il secoue la tête.

– Justin, tu m'inquiètes, parfois.

Justin se dirige alors vers un arbre pour ramasser une feuille par terre.

–Tu as raison. Il faut aussi que je m'entraîne à faire le koala.

– Tu es fou !

Il commence à grignoter la feuille. Il me regarde en souriant et en croque encore un petit bout.

– Justin, c'est dégoûtant ce que tu fais.

Je le gronde du doigt.

– Il y a peut être une bestiole gluante qui a bavé sur cette feuille, ou un oiseau qui a fait pipi dessus ou...

– Beuahh !

Justin recrache tout ce qu'il avait dans la bouche. Mais moi, quand je suis lancée, on a du mal à m'arrêter. Comme dit M. Cohen, je suis une enfant douée d'une imagination débordante.

– Peut-être bien qu'un chien a fait ses besoins tout près de cette pauvre feuille...

– Arrête !

Justin fait la grimace.

Je fais une pause et je reprends.

– Et si c'était du poison ? Une feuille attaquée par des champignons vénéneux microscopiques ou par le chancre vésiculeux ou je ne sais quoi, comme maman m'a dit pour notre mûrier ?

Justin secoue la tête.

– Tu veux que je te dise, Lili ? Tu es une patate pourrie !

– Patate pourrie toi-même !

Je lui tire la langue.

Il me la tire aussi et me fait un pied de nez. Je lui retire la langue et, en prime, je lui fais les cornes. Juste à ce moment,

Hannah Burton et Brandi Colwin passent à côté de nous.

– Ils ne s'arrangent pas, ces deux-là, lance Hannah.

– Merci ! on lui répond en faisant la révérence.

– Six mois d'âge mental, poursuit Hannah en levant les yeux au ciel.

Brandi sourit et nous fait un signe de la main avant de tourner au coin de la rue.

Patchouk, patchouk, patchouk. Justin se tourne vers moi.

– On fait la course ?

– D'accord.

Je me mets sur la même ligne que lui.

– A vos marques... prêts... sautez !

Nous bondissons jusqu'à sa maison.

– J'ai gagné ! je crie en arrivant devant le portail.

Justin s'est arrêté quelques mètres derrière.

Je répète.

– C’est moi qui ai gagné. Tu connais la règle. Tu me dis : « tu as gagné » et ensuite tu fais un rot. Allez ! C’est comme ça qu’on fait d’habitude.

Mais Justin ne dit rien. Pas un mot. Pas un rot. Il reste planté là, devant la maison, fixant la pelouse avec des yeux ronds.

Je me retourne pour voir ce qu’il regarde comme ça.

Sur la pelouse des Morris, on a mis un autocollant VENDU sur le panneau A VENDRE.

Tout à coup, ma victoire a un sale goût.

5

Vendredi matin.

– Où est passé ton amoureux, Lili Graffiti ?

C'est Jimmy qui vient m'embêter à mon bureau.

– Ça fait trois jours qu'il ne vient pas à l'école. Il en a marre de toi ?

– Laisse-la tranquille, lui dit Brandi. Ce que tu peux être méchant ! Tu sais bien que M. Cohen nous a expliqué que Justin était parti avec sa mère et son frère pour chercher une nouvelle maison en Alabama.

Je mordille le bout de ma couette.

– Ils sont rentrés très tard hier soir. Leur avion n'a pas pu décoller à cause du brouillard ou je ne sais quoi et, du coup, ils ont raté la correspondance ou quelque chose comme ça et ils ne sont arrivés qu'à 3 heures du matin. C'est ce que Mme Morris a raconté à maman quand nous avons appelé ce matin. Elle a dit qu'ils allaient essayer de dormir un peu pour récupérer.

– Ouah ! Super ! s'écrie Brandi. Enfin... le voyage, je veux dire, pas le fait de dormir.

– Mouais... super, je réponds d'une drôle de voix.

Ma mère appelle ça le petit ton sarcastique de mademoiselle Lili. Justin a pris l'avion pour de vrai avant moi. Ce n'est pas juste. Il y a des jours, comme ça, où je me dis que la vie est mal faite.

M. Cohen fait clignoter la lumière.

– Revenons à la Chine et à nos Chinois.

Je fouille dans mon bureau et j'en sors un demi-sandwich au beurre de cacahuète et aux M&M's. Il date de l'autre matin,

quand maman s'est levée trop tard pour me préparer mon déjeuner. Alors elle m'a demandé de me débrouiller toute seule. En regardant mon sandwich, je repense à la blague que Justin m'a racontée avant de partir... C'est l'histoire d'un type complètement idiot qui travaille dans l'usine où on fabrique les M&M's et qui se fait renvoyer parce qu'il jette à la poubelle tous les bonbons marqués d'un W.

Je finis par trouver le dossier sur la Chine. Il était caché sous un livre que je dois rendre à la bibliothèque depuis trois semaines.

En feuilletant les pages, je réalise que Justin sera peut-être parti avant qu'on ait le temps de finir. Et les cartes postales, c'est à lui que je les enverrai.

J'essaie de me concentrer mais je n'y arrive pas. Impossible. Je suis trop triste.

Quand je serai grande et que je repenserai au CE2, je ferai tout pour l'oublier immédiatement.

C'est l'année la pire de ma vie... la plus horrible, la plus atroce, la plus nulle. Quand mes parents ont commencé à se disputer de plus en plus, je me suis dit qu'il n'y avait rien de pire.

Quand ils sont venus s'asseoir à côté de moi dans la cuisine pour m'expliquer qu'ils allaient divorcer, je me suis dit que les choses ne pouvaient pas être pires. Après ça, je ne pouvais plus m'asseoir à la table de la cuisine sans avoir mal au cœur.

Ensuite, quand mon père m'a annoncé

qu'il devait partir en France pour son travail pendant au moins un an, alors là, je me suis dit que c'était décidément l'année la pire de ma vie.

Au moment où les choses commençaient à aller un peu mieux, j'ai appris que le père de Justin venait d'obtenir un nouveau poste, à des milliers de kilomètres d'ici. Justin et moi, on l'a supplié de ne pas accepter. Justin lui a même dit qu'il était d'accord pour avoir moins d'argent de poche. De mon côté, j'ai proposé à M. Morris de lui donner une partie du mien. Mais ça n'a servi à rien : il a fini par accepter ce boulot. Il nous a expliqué qu'il ne pouvait pas laisser passer une telle occasion, que c'était une super promotion, qu'il allait gagner beaucoup plus d'argent.

Ensuite, quand j'ai découvert le panneau A VENDRE sur la pelouse des Morris, je me suis dit que c'était sans doute un des pires jours de ma vie.

Et puis les choses se sont arrangées petit à petit. Les mois ont passé et la maison ne trouvait toujours pas d'acheteur.

Je me sentais un peu coupable d'être contente qu'ils n'arrivent pas à la vendre... enfin, pour être franche, pas si coupable que ça.

Et maintenant, ça y est.

Mme Bradley a vu la maison et elle lui a plu. Pareil pour M. Bradley. Et ils l'ont achetée. J'étais sûre et archisûre, en voyant l'autocollant VENDU sur le panneau, qu'il ne pouvait rien arriver de pire. Mais le pire des pires était encore à venir.

Depuis quelque temps, Justin et sa mère sont tellement occupés qu'ils n'ont plus beaucoup de temps à me consacrer.

Quand je vais chez eux, je trouve toujours Mme Morris en train de faire des paquets.

Justin joue encore avec moi mais il ne me parle jamais de son départ. Moi, je suis horriblement triste à cette idée mais j'essaie de trouver au moins une bonne raison pour que ce soit moins dur à supporter. Comme dit maman : « il faut toujours rester optimiste, même quand ça va mal ».

Après avoir réfléchi longtemps au problème, j'ai quand même fini par trouver.

Quand Justin partira, je pourrai ranger mes affaires dans son casier. Ça me permettra d'y voir un peu plus clair de mon côté. Mais j'ai beau être la reine du désordre, je me sens prête à faire le ménage tous les jours s'il le faut pour que Justin reste avec moi.

J'essaie de trouver d'autres avantages mais j'ai beau chercher, ça ne vient pas.

Justin n'a pas été là de tout le week-end et je ne l'ai pas vu depuis deux jours à l'école. Ça me donne un aperçu de ce que ça va être quand il partira pour de bon. Et c'est loin d'être une vision agréable. Pour tout dire, je suis la fille la plus malheureuse du monde.

6

J'en suis à la moitié de mon exercice sur les fractions quand Justin refait son apparition. Je suis bien contente. Pas seulement de le voir, mais aussi parce qu'il arrive à temps pour me dire quoi faire avec ?/6 = 2/3.

Il s'assied à sa place. Je lui passe la boîte de dominos en bois qui est censée nous aider à comprendre les fractions.

– Bienvenu chez nous !

Il me répond par un sourire, puis jette un œil sur le problème.

– La réponse, c'est 4.

M. Cohen s'approche de lui, lui tend sa feuille d'exercice et dit :

– Content de te revoir. Comment ça va ?

– Très bien !

Justin fouille dans son sac à dos et en sort un crayon avec écrit « ALABAMA » dessus.

– C'est pour votre collection, M. Cohen.

« Très bien ! » Comment ça : « très bien » ? Quand je pense que je me suis ennuyée de lui pendant des jours et des jours, et tout ce qu'il trouve à dire à son retour, c'est que ça va très bien !

– Il s'est passé plein de choses, reprend Justin d'un air ravi.

M. Cohen se penche et lui dit à voix basse :

– Si tu veux bien, tu nous raconteras tout un peu plus tard. Je suis sûr que la classe sera contente de partager tes aventures.

– D'accord, dit Justin en hochant la tête.

M. Cohen s'éloigne. J'aurais préféré qu'il ne dise pas ça. Moi, je veux être la première à entendre ce qui est arrivé à Justin ; je ne veux pas que tout le monde l'apprenne en même temps.

Je regarde Justin. Il fait son exercice de math à toute vitesse. Je me replonge dans le mien, tout en mâchonnant le bout de mon crayon.

Justin aurait pu m'en rapporter un d'Alabama, à moi aussi ; ç'aurait été gentil.

Une fois son exercice terminé, il prend ma feuille et vérifie ce que j'ai fait. Il y a déjà deux fautes. Il me les corrige, m'explique pourquoi, puis il m'aide à terminer.

Les fractions, ce n'est pas ce que je préfère. Ça fait même partie des choses que j'aime le moins. Ce que je déteste le plus, à part les fractions, c'est :

1) les choux de Bruxelles

2) les gens qui mangent leurs crottes de nez

3) voir partir ceux que j'aime

M. Cohen joue avec l'interrupteur.

– Plus qu'une minute pour finir le problème. Levez la main si vous voulez que je vienne vous expliquer quelque chose. Si vous n'avez pas le temps de terminer, vous le ferez chez vous ce soir.

Tout le monde se dépêche.

Puisqu'on n'a plus rien à faire, Justin et moi, on joue à tic-tac-toc.

Depuis le début de l'année, on marque tous nos scores sur une fiche spéciale que Justin garde dans son casier. C'est moi qui suis en tête avec 220 points contre 199.

La lumière clignote.

– Rangez vos affaires et écoutez tous : Justin va nous raconter son voyage.

La vedette monte sur l'estrade ; tout le monde se prépare à l'écouter.

Je suis sûre qu'il ne va pas tout leur dire, qu'il gardera des trucs rien que pour moi.

Justin commence :

– Samedi matin, on est partis très tôt.

Il porte un sweat-shirt tout neuf avec écrit ALABAMA dessus.

Moi, je n'aime pas ce sweat-shirt.

J'aimerais mieux qu'il en ait un vieux.

Il continue :

– L'avion, c'était vraiment super ! Avant le décollage, l'hôtesse de l'air m'a fait visiter la cabine de pilotage et j'ai vu le commandant de bord. Ils m'ont donné des ailes.

– Comme un ange ? s'écrie Jimmy. Où est ton auréole ?

– Jimmy !

M. Cohen prend sa voix sévère des grands jours pour lui faire comprendre que ça suffit.

– Des ailes comme ça, précise Justin en montrant le pin's planté sur son sweat-shirt. Ensuite, on s'est installés et l'avion a décollé et la dame devant nous a vomi dans un petit sac...

« Beuh ! berk ! c'est dégoûtant ! ouah ! » Voilà un échantillon des commentaires dans la classe.

– S'il te plaît, Justin, continue... mais épargne-nous certains détails.

Ça, c'est le commentaire de M. Cohen.

Justin reprend.

Il nous raconte les retrouvailles avec son père à l'aéroport, le motel où ils sont descendus, avec la salle de jeux, la piscine chauffée, le petit déjeuner dans la chambre et tout le reste.

Ensuite, il nous parle des maisons qu'ils sont allés voir. M. Morris en avait déjà visitées beaucoup et il voulait leur montrer ses préférées.

Il y en a une qui leur plaisait à tous. Ils l'ont achetée dès le premier jour.

Je ne savais pas qu'on pouvait se décider si vite pour une maison.

Justin nous dit qu'elle est très grande, qu'il va avoir sa chambre à lui tout seul et qu'il aura le droit de mettre du papier peint avec des joueurs de base-ball sur les murs. Il y a même un panneau de basket au fond du jardin.

– Est-ce qu'il y a d'autres enfants, à part vous ? demande Hannah.

Brandi lui donne un grand coup de coude.

– Ça ne va pas, non ?

Hannah se frotte le bras en grimaçant, comme si elle venait de se faire écrabouiller par un bulldozer.

Brandi se tourne vers moi.

Moi, je fais semblant de rien. Et pour prouver que je m'en fiche, je répète la question d'Hannah.

– Est-ce qu'il y a d'autres enfants ?"

Justin hoche la tête.

– Plein ! Les voisins d'à côté ont cinq garçons. Deux qui sont assez grands pour venir garder Danny, un de mon âge – c'est Jon, mais on l'appelle Junior – et un de l'âge de Danny, Jim Bob.

– Des jumeaux ? demande Tiffany Shroeder.

– Non, lui explique Justin, en Alabama, les gens ont souvent deux prénoms.

« Super, je me dis. Si ça continue, il va falloir qu'on l'appelle Justin Bob. »

Justin poursuit. Il nous parle de l'université où travaille son père, de la grande salle de sport où on peut faire des tas d'activités. Ensuite, il nous parle de l'école... de sa nouvelle école.

Elle est toute moderne. Il y a trois

CE2 au lieu d'un comme ici. En plus de leur bureau, les élèves ont chacun une armoire personnelle qui ferme avec une combinaison secrète. Et ce n'est pas la peine d'apporter son déjeuner dans une petite boîte parce qu'il y a une cafétéria où on peut manger normalement. Et puis il y a l'air conditionné partout.

Et bla-bla-bla et bla-bla-bla... Impossible de l'arrêter. J'attends le moment où Justin va parler de ce qui lui manquera là-bas, quelque chose d'introuvable en Alabama : MOI.

Mais il n'y fait aucune allusion.

7

On dirait que la maison des Morris a été balayée par un ouragan, secouée par un tremblement de terre et traversée par un météore.

– Quel bazar !

Mme Morris contemple sa cuisine d'un air découragé. Il y a des choses éparpillées dans tous les coins. Des poêles, des casseroles, des assiettes, des plats, des boîtes de conserve, des pots à épices.

La pièce est complètement sens dessus dessous, un peu comme ma chambre. Mais dans ma chambre c'est normal, alors que chez les Morris, ce n'est pas du tout le genre de la maison. De toute façon, il n'y a plus rien de « normal » puisqu'on est en plein déménagement.

Mme Morris pousse un soupir.

– S'il vous plaît, les enfants, ne restez pas dans mes jambes. Il faut que tout soit prêt dans deux semaines et demie.

J'aimerais autant être ailleurs mais ma mère a dû aller travailler une heure ou deux, même si on est samedi. Deux semaines et demie ! Quand j'ai réalisé qu'ils allaient vraiment déménager, je me suis dit que j'avais cinq semaines pour me faire à cette idée. Le délai est déjà à moitié écoulé. Et Justin continue à ne pas vouloir me parler de son départ.

Il fait comme si ça ne changeait rien. Moi je voudrais qu'on en parle sérieusement. Mais pas lui apparemment. Ça me met les nerfs en boule. Chaque fois que j'aborde la question, il me propose de faire un jeu ou de regarder une cassette vidéo. Chaque fois que je lui dis :

– Écoute, Justin, il faut que je te parle...

Il me répond :

– Je n'ai pas envie.

Je ne sais vraiment pas quoi faire. J'ai failli en parler à ma mère mais, elle aussi, elle est triste à l'idée de les voir partir, alors ce n'est pas la peine. Mme Morris et elle sont amies depuis le début de la maternelle. Pas la leur, la nôtre, à Justin et moi.

– Pour la deuxième fois, les enfants, soyez gentils et ne vous mettez pas en travers de mon chemin, dit Mme Morris. Il faut absolument que j'emballe tout ça aujourd'hui. J'ai mis des cartons dans ta chambre, Justin. Je voudrais que tu fasses le tri de toutes tes affaires. Jette ce qui est abîmé ou cassé et mets de côté les choses que tu ne veux plus mais qu'on pourra donner à une œuvre de charité.

– Super ! crie Justin.

Sa mère le regarde d'un air sévère.

– N'en profite pas pour te débarrasser, mine de rien, du pull que ta grand-mère t'a tricoté.

– C'est bon… répond Justin en fronçant les sourcils.

– Je vais t'aider, je lui propose.

Si ça continue, je vais me transformer en fée du logis.

Pour aller dans la chambre de Justin et de Danny, on est obligés d'enjamber des tas de cartons remplis d'affaires, avec des étiquettes dessus. Au passage, Justin ramasse son ballon de basket et il me fait une passe. Je lui renvoie le ballon et on enchaîne sur une partie de « Si-tu-me-touches-t'as-gagné ».

C'est un jeu qu'on a inventé en CE1.

On marque un point si on touche

l'autre à la poitrine, deux points si on a visé direct dans les fesses, trois pour le gros doigt de pied, le petit doigt ou le nombril. Mais on peut aussi en perdre : cinq points de moins si on frappe à la tête ou à d'autres endroits sensibles.

– Ouais ! Trois points de plus !

Justin vient de tirer sur le bout de ma chaussure, pile à l'endroit du gros orteil.

– Et dix de moins pour ne pas faire ce que je t'ai dit, gronde Mme Morris en entrant dans la chambre. Écoute, Justin, nous avons encore des tonnes de choses à empaqueter. J'ai expédié Danny chez son copain exprès pour pouvoir travailler tranquillement. Je te traite comme un grand alors conduis-toi comme un grand, d'accord ?

Justin regarde la moquette. C'est quelque chose qui m'a toujours étonnée. Pourquoi, quand les adultes nous disent : « Je te traite comme un grand » – ou comme une grande –, on a subitement l'impression d'être un bébé ? La mère de Justin s'en va et je répète :

– Je vais t'aider.

On commence par faire le vide dans la penderie. Dans le carton des choses importantes, on met sa collection d'images de base-ball, les trois rubans bleus qu'on a gagnés à la course à trois pattes (on les a toutes remportées dans notre catégorie), ses maquettes d'avion et toutes les photos de classe.

– Ça, je le balance. Si ma mère tombe dessus, elle va piquer une crise.

Justin veut parler de notre chef-d'œuvre : une balle en chewing-gum qu'on fabrique patiemment depuis un an et demi.

– Mais elle est à nous ! On l'a faite ensemble.

Je repense à toutes les fois où j'ai failli jeter mon chewing-gum. Au lieu de ça, je l'enveloppais précieusement dans un papier mouillé, lui-même enfermé dans un sac de plastique pour qu'il reste bien collant et que je puisse l'ajouter à la balle. Justin hausse les épaules en soupirant.

– Maman est déjà d'assez mauvaise humeur comme ça.

J'insiste.

– Tu ne vas quand même pas jeter notre balle, notre balle à nous ?

– Bah... ce n'est qu'un vieux truc, me rétorque Justin d'un air ennuyé. Pas la peine d'en faire toute une histoire.

Alors là, c'est la meilleure ! La goutte d'eau qui met le feu aux poudres, l'étincelle qui fait déborder le vase... à moins que ce ne soit le contraire.

– Si tu la jettes, je ne te parlerai plus jamais.

Je le regarde droit dans les yeux. Il me regarde à son tour. Et puis sans dire un mot, il ramasse la balle, il plie les genoux et, comme s'il jouait au basket, il la lance dans le carton des trucs à jeter. Je n'adresserai plus jamais la parole à Justin Morris.

8

Ce n'est pas facile de se choisir un nouvel ami.

Assise sur mon lit, j'épluche la liste de tous les élèves de la classe.

Je risque de mettre longtemps à me décider pour quelqu'un. Ensuite, qu'est-ce qui se passera si celui ou celle que j'ai choisi a déjà un meilleur ami ou si on ne veut pas de moi ?

Tous les noms sont écrits à l'encre bleu clair. Je prends un stylo rouge pour rayer tous ceux qui ne font pas l'affaire. Alicia Sanchez est déjà la meilleure amie de Naomi Schwartz. Même chose pour Freddie Romano et Gregory Gifford. Il y a deux autres garçons franchement nuls, je les barre aussi. J'aimerais mieux ramasser une limace enragée plutôt que d'être amie avec ces deux-là. Hannah Burton est beaucoup trop soigneuse pour moi ; et puis elle s'occupe trop de son apparence. Je ne pourrais jamais être amie avec une fille qui affiche sur sa porte la liste de tous les habits qu'elle met chaque jour. Elle fait ça pour être sûre de ne pas porter la même chose d'une semaine sur l'autre. Quand elle m'a invitée chez elle pour une soirée-pyjama, j'ai remarqué que, dans sa penderie, tous les vêtements étaient rangés par couleur et par longueur – chemisiers, jupes, robes et pantalons. Alors Hannah Burton, c'est clair, c'est NON.

J'ai mis une étoile violette à côté du nom de Brandi Colwin. Avec elle, ça pourrait peut-être marcher. Avec Marc Manchester aussi. Par contre, aucun espoir pour Frédéric Alden. Il fait partie de ces gens qui se mettent les doigts dans le nez à tout bout de champ.

On frappe à ma porte.

– Lili, ma chérie. Est-ce que je peux entrer ?

Je glisse la liste sous mon oreiller.

– Oui, maman.

Ma mère entre avec un bol et deux cuillères.

– Je sais que ce n'est pas un repas diététiquement correct mais je n'ai vraiment pas envie de faire la cuisine aujourd'hui.

Elle s'assied sur mon lit.

Je regarde dans le bol et je vois un beau mélange de crème, d'œufs, de farine et de chocolat, comme pour faire un gâteau, mais pas cuit.

– Mmm ! Du gloubi-bouilla, mon dîner préféré ! Merci, maman.

Je lui saute au cou.

– Mais promets-moi de prendre un fruit à chaque dessert jusqu'à la fin de la semaine.

– Promis.

Elle me passe une cuillère.

Nous piochons dans le bol à tour de rôle. Tout à coup, ma mère me dit :

– Lili, il faut que je te parle.

Je me dis que c'est le prix à payer pour le gloubi-bouilla. Ma mère attaque.

– Qu'est-ce qui ne va pas en ce moment, entre Justin et toi ? Vous vous êtes disputés ?

Comment lui parler de la balle en chewing-gum, du fait que Justin refuse de me parler de son départ, comme si ce déménagement ne lui posait aucun problème ?

Je secoue la tête.

Si je commence à raconter tout ça, je sens que je vais me mettre à pleurer.

Ma mère pose le bol et les cuillères sur mon bureau, puis elle passe son bras autour de moi.

– Lili.

Elle m'embrasse sur le front.

Je me laisse faire, même si je déteste ça quand elle le fait devant d'autres gens.

– Ma puce.

Elle m'embrasse encore une fois sur le front.

– Je sais que Justin va te manquer. Vous êtes tellement liés, tous les deux.

– Non. Plus maintenant.

Je me mets à renifler.

– Il est trop bête, il est nul, il me dégoûte !

Maman reprend.

– C'est dur quand quelqu'un nous quitte. Et même si ce n'est pas vrai, on pense parfois que c'est de notre faute.

– Je le déteste !

J'ai des larmes plein les yeux et je n'arrive pas à les empêcher de couler.

– Tu sais très bien que ce n'est pas vrai, reprend ma mère en me regardant. Tu dis cela parce que tu es en colère... mais Justin est toujours ton meilleur ami.

– Non !

– Allons, dis-moi ce qui ne va pas.

Elle me caresse les cheveux.

– Ça fait du bien de parler.

Je secoue la tête.

Tout en continuant à me dorloter, maman me dit :

– Quand on doit quitter quelqu'un, parfois on fait semblant de rien, ou bien on fait exprès de se disputer pour que la séparation soit moins dure. Dans votre cas, j'ai l'impression que vous avez choisi les deux solutions. Mais pense un peu à tous les bons moments que vous êtes en train de rater en boudant chacun de votre côté !

Je pleure de plus en plus.

Je déteste pleurer. Quand ça démarre, j'ai peur de ne plus pouvoir m'arrêter. Et voilà : ça a démarré.

Maman me prend dans ses bras. Elle me serre très fort.

Je pleure encore plus fort.

Nous restons comme ça pendant quelques minutes, puis je finis par me dégager doucement.

– M. Cohen dit que notre corps est fait de 80% d'eau. Avec tout ce que j'ai pleuré, je vais déclencher une inondation ! Merci, maman, ça va mieux maintenant.

– Tu veux que je te laisse seule ?

Je fais oui de la tête.

– Si tu as besoin de moi, je suis dans le salon.

Elle m'embrasse encore une fois, puis elle s'en va.

Je la regarde partir.

J'ai de la chance d'avoir une mère qui prend mes problèmes au sérieux, même si je ne suis qu'une petite fille. Je poursuis ma liste, je la regarde et je la déchire. On ne choisit pas un ami comme un paquet de bonbons au supermarché.

J'ouvre le tiroir à coté de mon lit et je sors la photo de classe de Justin.

Elle est un peu abîmée depuis que je lui ai fait un œil au beurre noir et plein de points rouges avec mon stylo pour lui donner la varicelle.

Tout en le regardant, je me dis qu'il va sûrement me regretter...

Qui est-ce qui lui soufflera la bonne réponse quand il sera interrogé au tableau ? Qui est-ce qui prendra sa défense quand on lui dira : « Tu t'appelles Justin ! Justin Moment ou Justin Peu ? » Avec qui partagera-t-il ses barquettes aux fraises ? Qui l'applaudira quand il mettra un but, même contre sa propre équipe ? Et qui fera du charme à Danny pour qu'il fasse le lit de son grand frère chéri ?

C'est clair, je vais lui manquer.

Mais ce qui est encore plus clair, c'est qu'il va drôlement me manquer lui aussi.

9

Aujourd'hui, on fait un déjeuner-pizza en classe.

Ça, c'est la bonne nouvelle.

La mauvaise nouvelle, c'est que c'est un déjeuner d'adieu en l'honneur de Justin Morris, mon ex-meilleur ami.

Nous ne nous parlons toujours pas.

J'attends toujours qu'il me dise :

– Je te demande pardon.

Quant à lui, je ne sais pas ce qu'il attend de moi.

En classe, on reste assis l'un à côté de l'autre sans se dire un mot.

Enfin presque.

Je l'avoue, l'autre jour, je lui ai dit :

– Eh, tête de mule, tu me passes ta gomme, s'il te plaît ?

Et il m'a répondu :

– Tu n'as qu'à prendre la tienne, Lili Colibri.

Je n'ai pas apprécié mais, cette fois-ci, je ne me laisserai pas faire.

Justin est têtu mais moi aussi.

Notre classe est revenue de son « voyage » en Chine.

Prochaine destination : l'Australie.

J'ai hâte d'y être. Par contre, Justin ne pourra pas y aller. Il partira pour de bon en Alabama.

Si je le tenais, cet Ala Bama de malheur, je lui dirais ce que je pense de lui !

Au moment où Brandi Colwin passe près de moi, je lui dis :

– N'oublie pas : tu te mettras à côté de moi quand on ira en Australie, d'accord ?

Justin se tourne vers Hannah.

– Je t'enverrai des cartes postales d'Alabama, c'est promis.

Je me mets à bâiller pour bien lui montrer que je m'en fiche, puis je plonge dans mon cahier pour ne pas lui montrer que je suis à deux doigts de pleurer.

M. Cohen fait clignoter la lumière.

– Les pizzas seront là dans cinq minutes. Supplément fromage, champignons et tout le tralala.

Je relève la tête et je regarde Justin en coin. Il n'a pas l'air plus heureux que moi. Alors, tout à coup, je me décide et je crie :

– Dites au garçon de rejeter les anchois à la mer !

Puis je me tourne vers Justin en faisant semblant de tenir un petit poisson qui se tortille dans tous les sens. Il se met à rire.

Je fais mine de lui lancer l'anchois.

Il fait mine de le rattraper.

– Viens avec moi dans le couloir, me propose-t-il en ramassant son sac à dos.

Nous allons voir M. Cohen pour lui demander la permission de sortir cinq minutes.

– Entendu, nous dit-il en montrant la porte.

Juste avant de sortir, je l'entends soupirer :

– Eh bien ! ce n'est pas trop tôt !

Une fois dehors, on reste debout sans rien se dire. Et puis, tous les deux en même temps, on lâche :

– Je te demande pardon.

Et on se serre le petit doigt.

– Je ne veux pas que tu partes.

Je me mets à pleurer, mais tout doucement. Justin prend sa respiration.

– Moi non plus je ne veux pas partir. Tu crois que c'est facile ? Je vais me retrouver dans une école immense où je ne connais pas un chat. Qu'est-ce que je ferai si j'oublie la combinaison de mon armoire ? Ils se connaissent tous, là-bas. Mes parents disent qu'il faut me montrer courageux, pour donner le bon exemple à Danny. Que je vais bien m'amuser. Mais je sais que ma mère est triste de partir, elle aussi. Je l'ai entendue en parler à la tienne. En plus, j'arriverai trop tard pour m'inscrire dans une équipe de base-ball, et puis tout le monde va se moquer de mon accent, et...

– Et ?

Justin devient tout rouge.

– Et puis je vais m'ennuyer de toi.

Je souris. J'ai l'impression que ça ne m'était pas arrivé depuis des années.

– Pourquoi tu ne me l'as pas dit plus tôt ?

– Parce que tu ne voulais plus me parler.

– C'est toi qui ne voulais pas me parler ! Pas de ce qui était important, en tout cas.

– Je n'y arrivais pas, me répond Justin en regardant ses lacets défaits.

– Je veux que tu restes, Justin.

Il redresse la tête.

– Moi aussi. Mais ce n'est pas possible. Je suis obligé de suivre mes parents. Mais ils m'ont dit que vous pourrez venir nous voir cet été, ta mère et toi.

Cet été ? Alors il faut que je m'entraîne tout de suite à changer mon accent.

Tout à coup, Justin sort quelque chose de son sac. C'est un paquet-cadeau pas très bien fait. Je l'ouvre.

C'est une boîte à chaussures. A l'intérieur, la balle en chewing-gum.

– Merci, Justin. C'est mon plus beau cadeau.

Un cadeau que je garderai toute ma vie, c'est sûr.

Le livreur arrive avec dix pizzas sur les bras. Il flotte une délicieuse odeur de fromage fondu derrière lui. M. Cohen sort dans le couloir.

– Dites donc, vous deux, vous feriez mieux de venir avant que les autres aient tout dévoré. N'oublie pas que c'est toi l'invité d'honneur, Justin !

Pendant que nous rentrons en classe, je pense au jour où on sera grands, Justin et moi.

A ce moment-là, il ne sera plus obligé de suivre ses parents chaque fois qu'ils déménageront.

Peut être qu'un jour on ouvrira un magasin, tous les deux. Je serai la directrice et lui le directeur. On vendra des millions de glaces et des tonnes de barquettes à la fraise.

Peut-être qu'un jour on fera le tour du monde pour goûter tous les nouveaux parfums de chewing-gum et notre balle deviendra si grosse qu'il faudra construire une maison spécialement pour elle.

En attendant, je vais commencer à faire des économies sur mon argent de poche pour pouvoir téléphoner à Justin de temps en temps. Lui aussi, il pourra faire pareil.

Je vais tout de suite apprendre par cœur son nouveau numéro de téléphone.

Plus tard, quand je repenserai au CE2, je me souviendrai de Justin... et je parie qu'il se souviendra de moi.

Paula Danziger aime écrire, et par-dessus tout, écrire pour les enfants et à leur sujet. Depuis son premier roman paru en 1974, elle imagine des personnages si réels que ses lecteurs ont vraiment envie de faire leur connaissance. Et Lili Graffiti en fait partie : drôle, fantaisiste, vivante, elle pourrait être une de tes amies. Paula Danziger partage son temps entre les Etats-Unis et l'Angleterre.

Fils de prestidigitateur, petit-fils de musicien, arrière petit-fils d'un des illustrateurs de Charles Dickens, **Tony Ross** est né à Londres en 1938. Après des études de dessin, il travaille dans la publicité puis devient professeur à l'école des beaux-arts de Manchester. Ses premiers livres pour enfants ont été publiés en 1973. Il vit en Angleterre, au bord de la mer, avec sa femme et ses filles. Il est aujourd'hui l'un des plus grands illustrateurs. Mais ce qu'il aime avant tout, c'est raconter des histoires aux enfants et les faire rire. « Souvent, je réécris à ma manière des histoires traditionnelles pour contribuer à les faire connaître aux enfants d'aujourd'hui. Et parfois, j'écris mes propres contes, parce que je ne peux pas m'en empêcher. »

Lili Graffiti

Supplément illustré

Test

Aimes-tu le changement ? Pour le savoir choisis la réponse qui te correspond le mieux.

(Réponses page 93)

1 Ton meilleur ami déménage :

■ tu te fais immédiatement de nouveaux amis

▲ tu es triste mais tu décides de l'inviter aux vacances

● tu es malheureux et tu n'as plus envie de parler à personne

2 L'arrivée d'un petit frère :

● te déplaît car tu as dû changer tes habitudes, partager ta chambre

■ t'enchante car tout est bouleversé à la maison

▲ t'amuse car tu prévois des moments très heureux avec lui

3 La maîtresse attend un bébé et est remplacée par une nouvelle institutrice :

● tu décides qu'elle n'est pas sympathique

▲ tu espères qu'elle aura autant de qualités que ta maîtresse

■ tu penses que cela va mettre un peu de piment à la vie de la classe

4 Tes parents décident de repeindre l'appartement :

● tu refuses que l'on touche à ta chambre

▲ tu en profites pour changer la dispostion de ta chambre

■ tu es ravi, tu as l'impression d'avoir changé d'appartement

5 Un nouveau vient d'arriver dans la classe :

● tu le plains : tu aurais horreur d'être à sa place !

■ tu vas immédiatement le voir pour essayer de le connaître

▲ tu attends de mieux le connaître pour le mêler à ta bande d'amis

6 Pour t'habiller :

■ Tu suis la mode

▲ tu portes toujours le même jean

● tu aimes te sentir bien

7 On démolit le pâté de maisons en face de chez toi :

■ tu espères voir un immeuble moderne

▲ tu es content car il va y avoir un terrain de sport

● tu adorais la vue que tu avais de ta chambre

Informations

■ Comment déménager

Voici quelques conseils qui t'aideront dans ce moment pas toujours facile !

■ Opération rangement

Profites-en pour effectuer un nettoyage par le vide : un tas de choses inutiles que tu as amassées au cours des années, et de tes vieux vêtements. Relis de vieilles lettres de tes amis ou de ta famille et ne garde que celles auxquelles tu tiens. Tu peux même décider de faire un album de souvenirs avec les objets le plus marquants : ton premier ticket d'entrée au zoo, une photo de classe, le forfait de ski de l'année où tu es parti en colonie de vacances, des timbres de différents pays du monde.

■ Place aux cartons

Fais-toi un carton de « première nécessité », avec les choses que tu seras content de retrouver très vite (une lampe de chevet, ton pyjama favori, un livre). C'est agréable, dans un endroit auquel on ne s'est pas encore

habitué, de pouvoir s'entourer de choses familières. C'est comme un lien avec le lieu que l'on vient de quitter !

■ **L'agenda indispensable**

Le plus difficile, pour certains, c'est de quitter les amis. C'est important de ne pas être pris au dépourvu, l moment du départ arrive souvent plus vite qu'on ne croit. Tu peux déjà te faire offrir un cahier sur lequel tu demanderas d'écrire à tes camarades. N'oublie pas ton carnet d'adresses ! Et pourquoi ne pas organiser une petite fête pour votre départ ?

■ **Vive la nouvelle vie !**

Dépêche-toi de visiter ton nouveau quartier. Dis bonjour aux commerçants, ils se souviendront vite de toi. Renseigne-toi : il y a sûrement une bibliothèque, un club de sport ou des ateliers où tu pourras te faire des amis. Et, très vite, à l'école, tu feras de nouvelles connaissances qui se transformeront rapidement en amitié !

Jeux

■ Voyage immobile

Quelle sont les prochaines destinations choisies par M. Cohen, l'instituteur ? Pour le deviner, retrouve, en déchiffrant les charades, le nom des indices correspondant à chaque pays.
(Réponses page 94)

1. mon premier compte l'âge
   mon deuxième habille le moine
   mon troisième est sanglant
   mon tout se mange dans ce pays

2. mon premier peut être de vacances
   mon deuxième est un des cinq sens
   mon troisième n'est
   ni blond ni brun
   mon tout est un animal qui
   n'arrête pas de sauter

3. on souffle dans mon premier
   mon deuxième porte un point
   mon troisième est un oui russe
   mon tout se joue dans une arêne

■ Drôles de noms

1. Certains noms ne sont pas faciles à porter car ils suscitent facilement la plaisanterie. Lili Graffiti en sait quelque chose !
A toi d'imaginer, pour ces noms de famille, le prénom qu'il ne faudrait surtout pas donner aux enfants :
M. et Mme Aimar n'appelleront pas leur fils ......, on l'espère !
Quant à la famille Noleum, elle fera attention à ne pas nommer ses trois filles ...., ... et ...... !
En revanche ...... est bien nommé par ses parents, les Hisson !

2. Les noms d'hier
Certains noms sont amusants parce qu'ils évoquent des choses connues. Associe maintenant le nom qui correspond au bon prénom.
- **Godefroy** est bien le fils de son père
- **Jehan** habite près de la rivière
- **Léon** vient d'une famille où l'on travaille le métal
- **Louis** est originaire de la Normandie

Dupont - **Lenormand** - **Maréchal** - **Lejeune**

■ Attention, panneaux !

Justin et Lili Graffiti sont horrifiés : le panneau à vendre est barré d'un panneau vendu : c'est mauvais signe !

1. Voici des séries de panneaux dont les lettres ont été mélangées deux à deux. A toi de retrouver les nouvelles contradictoires qu'ils annoncent :

OUVFERERMTE

ESONTRETRIEE

FUNOMNFEUMERUR

2. Les informations se sont un peu mélangées. A toi de retrouver les bonnes formules.

KLAXONNER
AVANT D'ENTRER

FIN D'INTERDICTION DE
SILENCE

CHUTES D'ANIMAUX !

PASSAGE DE

Réponses

■ ***Test (pages 86 et 87)***

Compte les ●, les ▲ et les ■ que tu as obtenus.

– Si tu as plus de ●, tu as horreur du changement ou de tout ce qui modifie le cours tranquille de ton existence. Tu as besoin de tes repères, des choses et des gens que tu connais, et si tout cela est bouleversé, tu ne sais pas faire face à cette nouvelle situation. Aie davantage confiance dans la vie !

– Si tu as plus de ▲, tu as l'art de t'adapter. Tu ne cherches pas particulièrement le changement, mais s'il intervient, tu te débrouilles souvent pour y trouver un intérêt. Quel bel équilibre !

– Si tu as plus de ■, il n'y a pas à dire, tout ce qui bouleverse ta vie te plaît : un déménagement, l'arrivée d'un nouveau dans la classe, les changements de mode, des vacances surprises… Attention à ne pas trop faire la girouette !

■ ***Voyage immobile (page 90)***

1. Hamburger : Etats-Unis - 2. Kangourou : Australie - 3.Corrida : Espagne

■ ***Drôles de noms (page 91)***

1. Jean Aimar - Line, Aline et Pauline - Paul
2. Godefroy Lejeune - Jehan Dupont - Léon Maréchal - Louis Lenormand

■ ***Attention panneaux ! (page 92)***

1. OUVERT ET FERMÉ - ENTRÉE ET SORTIE - FUMEUR ET NON FUMEUR
2. FIN D'INTERDICTION DE KLAXONNER est mélangé à SILENCE AVANT D'ENTRER
CHUTE DE PIERRES est mélangé à PASSAGES D'ANIMAUX

Les aventures de Lili continuent !

Découvre dès maintenat un extrait de :

Les vacances de Lili Graffiti n°2

« Premier arrêt : Londres. Lili Graffiti en Angleterre. Ça sonne plutôt bien.

Je me demande si je reviendrai en parlant avec l'accent anglais...

Est-ce que je rencontrerai des rois et des reines en visitant des châteaux ? Est-ce qu'ils voudront bien me laisser essayer leur couronne ?

Je me demande aussi comment vont se passer ces deux semaines à l'étranger, seule avec ma tante Pam.

Deuxième arrêt : Paris. C'est là que je

retrouverai mon père. Pendant ce temps-là, tante Pam ira chez des amis à elle. Pour le moment, je ne tiens plus en place.

Je suis même super excitée.

– Lili, mon chou.

Ma mère entre dans ma chambre et dépose une montagne de vêtements sur le lit.

– Il serait temps de faire ta valise une bonne fois pour toute. Je parle sérieusement.

Elle s'affale sur le lit, juste à côté de mon sac de voyage, puis elle se cache le visage dans ma casquette de base-ball et fait semblant de pleurer.

– Je vais m'ennuyer de toi, tu sais, mais je suis contente que tu fasses ce voyage. Seulement voilà, j'en ai assez de te dire et redire de faire ta valise. Il y a quand même des choses plus intéressantes à faire avant ton départ !

Je décide de venir à son secours… ”